Kaja And Other Bilingual Danish-English Stories for Kids

Pomme Bilingual

Published by Pomme Bilingual, 2024.

While every precaution has been taken in the preparation of this book, the publisher assumes no responsibility for errors or omissions, or for damages resulting from the use of the information contained herein.

KAJA AND OTHER BILINGUAL DANISH-ENGLISH STORIES FOR KIDS

First edition. August 10, 2024.

Copyright © 2024 Pomme Bilingual.

ISBN: 979-8224482436

Written by Pomme Bilingual.

Table of Contents

Fuglen og Stjerneslottet

———

Der var engang en lille fugl ved navn Lilli, der boede i en lysende skov. Lilli var ikke som de andre fugle; hun havde en drøm om at flyve højere end nogen anden fugl og finde det magiske stjerneslot, som ingen nogensinde havde set. Hver nat kiggede hun op mod himlen og så stjernerne danse, og hun forestillede sig, at hun en dag ville nå dem.

En dag, mens hun fløj over skovens smukke træer, mødte hun en gammel ugle ved navn Hugo. Hugo sad på en gren og kiggede venligt ned på Lilli. "Hvorfor ser du så beslutsom ud, lille ven?" spurgte Hugo med en blid stemme.

Lilli svarede, "Jeg drømmer om at finde stjerneslottet. Jeg har hørt, at det er et vidunderligt sted, hvor stjernerne bor. Men jeg ved ikke, hvordan jeg kommer dertil."

Hugo nikkede langsomt. "Stjerneslottet er ikke let at finde, men det er muligt, hvis man har modet til at følge sin drøm. Jeg vil gerne hjælpe dig, men du skal være klar til at møde udfordringer."

Lilli takkede Hugo og fløj af sted, fuld af håb. Hun fløj gennem skovens dybder, over bjergene og forbi floderne. På sin vej stødte hun på en storm, der var så voldsom, at det næsten var umuligt at flyve. Men Lilli huskede Hugos ord om mod, og hun kæmpede sig igennem stormen med al sin styrke.

Da stormen endelig stillede, fandt Lilli sig selv ved foden af en kæmpe bakke. På toppen kunne hun se noget, der lyste svagt.

Lilli klatrede op ad bakken, og da hun nåede toppen, blev hun mødt af et smukt syn: en portal, der glitrede med stjerneskær.

Lilli fløj gennem portalen og fandt sig selv i et rige, hvor stjernerne svømmede rundt som små lysende fisk. Stjerneslottet var endnu smukkere, end hun havde forestillet sig. Det var lavet af stjernestøv og lys, og det glimtede i alle regnbuens farver.

Kongen af stjerneslottet, en venlig stjerne ved navn Orion, hilste Lilli velkommen. "Vi har ventet på dig," sagde Orion med et smil. "Du har vist stort mod og beslutsomhed. Her er din belønning."

Orion gav Lilli en lille stjerne, som hun kunne tage med tilbage til sin skov. "Denne stjerne vil minde dig om, at du altid kan finde lys, selv når du står over for udfordringer."

Lilli fløj tilbage til skoven, og hun bar stjernen med sig. Hver nat, når hun kiggede op på stjernerne, vidste hun, at hendes drømme kunne blive til virkelighed, hvis hun havde modet til at følge dem.

Og hver gang hun kiggede på den lille stjerne, mindede det hende om, at selv de mest fjerntliggende drømme kunne blive til virkelighed, så længe man havde modet til at følge sit hjerte.

The Bird and the Star Castle

Once upon a time, there was a little bird named Lilli who lived in a bright forest. Lilli was not like the other birds; she had a dream of flying higher than any other bird and finding the magical star castle that no one had ever seen. Every night she looked up at the sky and saw the stars dancing, imagining that one day she would reach them.

One day, as she flew over the beautiful trees of the forest, she met an old owl named Hugo. Hugo was perched on a branch, looking kindly down at Lilli. "Why do you look so determined, little one?" asked Hugo in a gentle voice.

Lilli replied, "I dream of finding the star castle. I've heard it's a wonderful place where the stars live. But I don't know how to get there."

Hugo nodded slowly. "The star castle is not easy to find, but it is possible if you have the courage to follow your dream. I'd like to help you, but you must be ready to face challenges."

Lilli thanked Hugo and flew off, full of hope. She flew through the depths of the forest, over mountains, and past rivers. On her journey, she encountered a storm so fierce that it was almost impossible to fly. But Lilli remembered Hugo's words about courage, and she fought through the storm with all her strength.

When the storm finally subsided, Lilli found herself at the foot of a huge hill. At the top, she could see something glowing faintly. Lilli climbed up the hill, and when she reached the top, she was met with a beautiful sight: a portal shimmering with stardust.

Lilli flew through the portal and found herself in a realm where the stars swam around like tiny glowing fish. The star castle was even more beautiful than she had imagined. It was made of stardust and light, sparkling in all the colors of the rainbow.

The king of the star castle, a friendly star named Orion, welcomed Lilli. "We have been waiting for you," said Orion with a smile. "You have shown great courage and determination. Here is your reward."

Orion gave Lilli a small star to take back to her forest. "This star will remind you that you can always find light, even when you face challenges."

Lilli flew back to the forest, carrying the star with her. Every night, when she looked up at the stars, she knew that her dreams could come true if she had the courage to follow them.

And every time she looked at the little star, it reminded her that even the most distant dreams could come true, as long as you have the courage to follow your heart.

Skovens Hemmelighed

I en vidunderlig skov, hvor træerne hviskede historier til vinden, boede en lille pige ved navn Alma. Alma elskede at tilbringe tid i skoven, hvor hun kunne finde ro og glæde i naturens skønhed. Hun havde en ven, som hun altid tog med sig: en lille, lysende måne, hun havde døbt Luna. Luna havde ikke en fysisk form, men hendes lys kunne altid ses som en blid glød omkring Alma.

En aften, mens månen steg op over skovens tag, følte Alma en underlig følelse af, at der var noget, hun endnu ikke havde opdaget. Luna svømmede gennem skovens luft med en rolig lysstyrke, der oplyste stierne. Alma og Luna gik langs en sti, som de sjældent havde udforsket.

Efter et stykke tid fandt de en skjult dør, dækket af mos og vild vin, mellem to gamle egetræer. Alma så på Luna med nysgerrighed. "Tror du, der er noget bag denne dør?"

Luna svarede med et blidt lys, der skinnede stærkere. Alma tog en dyb indånding og skubbede forsigtigt døren op. Den knirkede, men åbnede sig, og de trådte ind i et hemmeligt rum. Rummet var fyldt med gamle bøger og kort, og der var en stor, skinnende krystal i midten. Krystallen udstrålede en blød, beroligende glød, der fyldte rummet med et varmt lys.

Alma gik hen til krystallen og opdagede, at den havde indgraverede symboler, som hun ikke kunne forstå. Luna svømmede nærmere og begyndte at lyse kraftigere. Symbolerne begyndte at ændre sig og formede et billede af en stor, lysende skov med et mærkeligt slot i midten.

"Det ser ud som om, der er noget vigtigt i denne skov," sagde Alma, mens hun betragtede billedet. "Måske er det her, vi skal finde den hemmelige skov, som krystallen viser os."

Luna blinkede som et samtykke, og Alma følte en stærk trang til at følge stien, der førte ud af det hemmelige rum. De gik videre og fulgte den lysende rute, der blev guidet af Luna. Stien blev mere og mere fantastisk, med blomster, der lyste i mørket og træer, der hviskede blidt.

Efter et stykke tid nåede de en lysning, hvor et slot, lavet af stjernestøv og måneskær, stod i skovens centrum. Alma og Luna gik forsigtigt op til slottet, og Alma kunne mærke en varm, velkendt følelse, som om hun var hjemme.

Slottets døre åbnede sig, og en venlig, gammel ugle ved navn Elio mødte dem. "Velkommen til det hemmelige slot," sagde Elio med en dyb, beroligende stemme. "Dette sted er fyldt med visdom og magi, som kan hjælpe dig med at forstå skovens hemmeligheder."

Elio viste Alma rundt i slottet, og hun lærte om de gamle bøger og kort, der indeholdt vigtige oplysninger om skovens historie og magi. Hun fandt ud af, at slottet blev bygget af stjerner og måneenergi, og at det havde til opgave at beskytte skovens balance og skønhed.

På en af væggene fandt Alma et gammeldags kort, der viste hele skovens hemmelige steder. Hun opdagede, at der var flere skjulte skove og skjulte skove, som ingen havde set før. Elio fortalte Alma, at hun nu havde en vigtig opgave: at bevare skovens balance og hjælpe med at beskytte dens magi.

"Men hvordan skal jeg gøre det?" spurgte Alma, mens hun så på Luna, der svømmede tættere på krystallen.

Elio smilede. "Med dit mod, din ven Luna og din kærlighed til skoven, vil du finde vejen. Du har allerede vist stort mod ved at finde dette sted. Nu skal du bruge din viden og din styrke til at hjælpe skoven med at trives."

Alma og Luna forlod slottet med en ny følelse af formål. De vidste, at de havde en vigtig mission forude, og at deres rejse kun lige var begyndt. De fløj tilbage til skoven, og Alma følte sig fyldt med en ny energi og en dybere forbindelse til naturen.

Og så, under stjernerne, hvor skovens hvisken og måneskæret smeltede sammen, levede Alma og Luna lykkeligt, vidende at de havde fundet en skjult skæbne og en vidunderlig ven.

The Secret of the Forest

In a marvelous forest where the trees whispered stories to the wind, lived a little girl named Alma. Alma loved spending time in the forest, finding peace and joy in nature's beauty. She had a friend she always took with her: a small, glowing moon named Luna. Luna didn't have a physical form, but her light could always be seen as a gentle glow around Alma.

One evening, as the moon rose above the forest canopy, Alma felt a strange sensation that there was something she had yet to discover. Luna floated through the forest air with a calm radiance that illuminated the paths. Alma and Luna walked along a trail they had rarely explored.

After a while, they found a hidden door, covered in moss and wild vines, between two ancient oak trees. Alma looked at Luna with curiosity. "Do you think there's something behind this door?"

Luna responded with a gentle light that shone brighter. Alma took a deep breath and carefully pushed the door open. It creaked but swung wide, and they stepped into a secret room. The room was filled with old books and maps, and in the center was a large, sparkling crystal. The crystal emitted a soft, calming glow that filled the room with warm light.

Alma approached the crystal and discovered it had engraved symbols that she could not understand. Luna floated closer and began to shine more brightly. The symbols started to change, forming an image of a grand, glowing forest with a strange castle in the middle.

"It looks like there's something important in this forest," Alma said as she gazed at the image. "Maybe we need to find the secret forest that the crystal shows us."

Luna blinked in agreement, and Alma felt a strong urge to follow the path leading out of the secret room. They continued along the glowing route, guided by Luna. The path became more and more magical, with flowers glowing in the dark and trees whispering softly.

After some time, they reached a clearing where a castle made of stardust and moonlight stood at the center of the forest. Alma and Luna approached the castle carefully, and Alma felt a warm, familiar sensation, as if she were home.

The castle doors opened, and a friendly, old owl named Elio greeted them. "Welcome to the secret castle," Elio said with a deep, soothing voice. "This place is filled with wisdom and magic that can help you understand the secrets of the forest."

Elio showed Alma around the castle, and she learned about the old books and maps that contained important information about the forest's history and magic. She discovered that the castle was built from stardust and moon energy, and its purpose was to protect the forest's balance and beauty.

On one of the walls, Alma found an old-fashioned map showing all the forest's hidden places. She realized there were more hidden groves and secret forests that no one had seen before. Elio told Alma that she now had an important task: to maintain the forest's balance and help protect its magic.

"But how should I do that?" Alma asked, looking at Luna, who floated closer to the crystal.

Elio smiled. "With your courage, your friend Luna, and your love for the forest, you will find the way. You have already shown great courage by finding this place. Now, you need to use your knowledge and strength to help the forest thrive."

Alma and Luna left the castle with a new sense of purpose. They knew they had an important mission ahead, and their journey had only just begun. They flew back to the forest, and Alma felt filled with new energy and a deeper connection to nature.

And so, under the stars, where the forest's whispers and moonlight blended together, Alma and Luna lived happily, knowing they had found a hidden destiny and a wonderful friend.

Lysvægteren og Mørkets Hjerte

I en verden, hvor dag og nat kæmpede om dominans, levede en lille dreng ved navn Emil. Emil boede i en landsby, der var så tæt på mørket, at solen kun sjældent skinnede gennem skyerne. Landsbyens indbyggere levede i skyggerne, og de havde lært at finde glæde i de små øjeblikke af lys, de kunne finde.

Emil havde altid haft en særlig forbindelse til lyset. Fra han var helt lille, havde han haft en lille lommelygte, som hans far havde givet ham. "Denne lommelygte er ikke som alle andre," sagde hans far. "Den kan lyse op i mørkets dybeste kroge, hvis du tror på dens kraft."

Emil bar altid lommelygten med sig, og han brugte den til at oplyse de mørke kroge af landsbyen. Hver aften, når skyggerne blev længere, tændte han lommelygten og gik rundt for at lyse op, hvor der var mest behov for det.

En aften, mens Emil gik gennem en skov nær landsbyen, stødte han på en skæbnesvanger opdagelse. En stor, mørk skygge svømmede gennem skovens træer og bevægede sig mod landsbyen. Emil kunne mærke, at denne skygge var anderledes. Den bar på en dyb sorg og en truende kraft.

Han løb tilbage til landsbyen og samlede de andre mennesker. "Der er noget i skoven," sagde han. "En skygge, som jeg aldrig har set før. Jeg tror, den vil skade os."

Landsbyens folk, som var vant til at frygte mørket, blev bange og skjulte sig i deres hjem. Emil vidste, at han ikke kunne lade denne skygge få magt over dem. Han tog sin lommelygte og besluttede sig for at finde ud af, hvad denne skygge var, og hvordan han kunne stoppe den.

Med lommelygten i hånden gik Emil tilbage til skoven. Han fulgte skyggerne, der bevægede sig dybere og dybere ind i skovens mørke. Til sidst fandt han sig selv foran en mørk, indgang til en underjordisk hule. Skovens træer syntes at hviske til ham, at han skulle være forsigtig.

Emil gik ind i hulen, og snart blev han mødt af en kold vind og en dyb mørke. I midten af hulen var der en stor, sort krystal, der udsendte en truende aura. Emil vidste, at denne krystal var kilden til den skygge, der truede landsbyen.

Han tændte sin lommelygte og rettede dens lys mod krystallen. Strålen fra lommelygten ramte krystallen, og mørket omkring den begyndte at vige. Krystallen begyndte at kaste et svagt, blødt lys, og skyggerne begyndte at trække sig tilbage.

Men krystallen var ikke kun en kilde til mørke; den bar også en dyb sorg. Emil kunne mærke, at der var en historie bag denne skygge, noget, som var blevet glemt og overset. Han kunne ikke blot ødelægge krystallen; han måtte forstå dens historie for at bringe virkelig lys til skoven.

Med sin lommelygte som eneste ledsager gik Emil tættere på krystallen. Han begyndte at tale med krystallen, som om den kunne høre ham. "Jeg ved, du bærer på en sorg," sagde han. "Men jeg vil hjælpe dig, hvis du vil lade mig."

Pludselig begyndte krystallen at vibrere, og en svag stemme talte fra dens dyb. "Jeg er mørkets hjerte," sagde stemmen. "Jeg blev skabt for mange år siden for at beskytte et rige fra farer. Men nu er jeg fanget her, alene og trist. Jeg ville gerne bringe lys, men jeg kan ikke længere."

Emil lyttede med medfølelse. Han vidste, at han ikke kunne løse denne skæbne alene. "Hvordan kan jeg hjælpe dig?" spurgte han.

"Må jeg få din hjælp til at finde min sande formål?" spurgte mørkets hjerte. "For kun ved at finde mit formål kan jeg bringe lys til skovens skygger og til landsbyen."

Emil vidste, at han var nødt til at hjælpe. Han begyndte at lede efter spor og tegn, der kunne vise, hvordan krystallen kunne finde sin sande formål. Han fandt gamle skrifter og tekster, der beskrev en gammel magi, som kunne frigive krystallen fra dens skæbne.

Gennem mange dage arbejdede Emil hårdt, og han brugte al sin viden og energi på at forstå magien og hjælpe krystallen med at finde dens formål. Han fandt ud af, at krystallen skulle bringes tilbage til en helig plads, hvor dens sande magi kunne blive frigivet.

Med krystallen i hånden og lommelygten som sit lys fulgte Emil en ny rute gennem skoven. Han nåede den hellige plads, en lysning fyldt med smukke blomster og et strålende lys. Han placerede forsigtigt krystallen i midten af lysningen og tændte sin lommelygte, så dens lys kunne forene sig med krystallens.

Krystallen begyndte at skinne med en skøn, lysende glød, der fyldte skoven med varme og lys. Skyggerne forsvandt, og skoven blev oplyst af et blødt, fredfyldt lys. Landsbyen kunne nu se lyset skinne gennem skovens træer, og folk begyndte at komme ud af deres hjem og nyde det nye lys.

Emil vendte tilbage til landsbyen som en helt. Han havde ikke kun reddet landsbyen fra mørket, men han havde også bragt lys og glæde til hele skoven. Han vidste, at det var hans vilje og hans lommelygtes lys, der havde gjort dette muligt.

Fra den dag af blev Emil kendt som Lysvægteren, og hans historie blev fortalt gennem generationer. Mørkets hjerte blev en del af skovens magiske historie, og Emil lærte, at nogle gange er det ikke nok at bekæmpe mørket; man skal også finde lyset i de dybeste skygger.

Og således levede Emil videre med en ny viden om lys og mørke, og skovens træer hviskede taknemmelige ord til vinden, mens de skinnede i det nye lys.

The Lightkeeper and the Heart of Darkness

In a world where day and night battled for dominance, lived a little boy named Emil. Emil lived in a village so close to darkness that the sun rarely shone through the clouds. The villagers lived in the shadows and had learned to find joy in the small moments of light they could find.

Emil had always had a special connection to light. Since he was very young, he had a small flashlight that his father had given him. "This flashlight is not like any other," his father had said. "It can light up the darkest corners of darkness if you believe in its power."

Emil always carried the flashlight with him, using it to illuminate the dark corners of the village. Every evening, as the shadows grew longer, he would turn on the flashlight and walk around to light up where it was needed most.

One evening, as Emil walked through a forest near the village, he stumbled upon a fateful discovery. A large, dark shadow swam through the forest trees and moved towards the village. Emil could feel that this shadow was different. It carried a deep sorrow and a menacing power.

He ran back to the village and gathered the other villagers. "There is something in the forest," he said. "A shadow I've never seen before. I think it will harm us."

The villagers, who were used to fearing the dark, became frightened and hid in their homes. Emil knew he couldn't let this shadow gain power over them. He took his flashlight and decided to find out what this shadow was and how he could stop it.

With the flashlight in hand, Emil returned to the forest. He followed the shadows as they moved deeper and deeper into the dark woods. Eventually, he found himself in front of a dark entrance to an underground cave. The forest trees seemed to whisper to him to be careful.

Emil entered the cave, and soon he was met by a cold wind and deep darkness. In the center of the cave was a large, black crystal that emitted a threatening aura. Emil knew that this crystal was the source of the shadow threatening the village.

He turned on his flashlight and directed its beam at the crystal. The beam from the flashlight hit the crystal, and the darkness around it began to recede. The crystal started to emit a faint, soft light, and the shadows began to pull away.

But the crystal was not just a source of darkness; it also carried a deep sorrow. Emil could feel that there was a story behind this shadow, something that had been forgotten and overlooked. He couldn't just destroy the crystal; he needed to understand its story to bring true light to the forest.

With his flashlight as his only companion, Emil approached the crystal more closely. He began to speak to the crystal as if it could hear him. "I know you carry a sorrow," he said. "But I will help you if you let me."

Suddenly, the crystal began to vibrate, and a faint voice spoke from its depths. "I am the heart of darkness," said the voice. "I was created many years ago to protect a realm from dangers. But now I am trapped here, alone and sad. I wanted to bring light, but I can no longer."

Emil listened with compassion. He knew he couldn't solve this fate alone. "How can I help you?" he asked.

"Can you help me find my true purpose?" asked the heart of darkness. "For only by finding my purpose can I bring light to the shadows of the forest and to the village."

Emil knew he had to help. He began to search for clues and signs that could show how the crystal could find its true purpose. He found old manuscripts and texts describing an ancient magic that could release the crystal from its fate.

For many days, Emil worked hard, using all his knowledge and energy to understand the magic and help the crystal find its purpose. He discovered that the crystal needed to be returned to a sacred place where its true magic could be released.

With the crystal in hand and the flashlight as his light, Emil followed a new path through the forest. He reached the sacred place, a clearing filled with beautiful flowers and a radiant light. He carefully placed the crystal in the center of the clearing and turned on his flashlight so its light could merge with the crystal's.

The crystal began to shine with a beautiful, luminous glow that filled the forest with warmth and light. The shadows disappeared, and the forest was illuminated by a soft, peaceful light. The village could now see the light shining through the forest's trees, and people began to come out of their homes to enjoy the new light.

Emil returned to the village as a hero. He had not only saved the village from darkness but had also brought light and joy to the entire forest. He knew it was his will and his flashlight's light that had made this possible.

From that day on, Emil was known as the Lightkeeper, and his story was told through generations. The heart of darkness became part of the forest's magical history, and Emil learned that sometimes it is not enough to fight the dark; one must also find the light in the deepest shadows.

And so, Emil lived on with a new understanding of light and darkness, and the forest trees whispered grateful words to the wind as they shone in the new light.

Kaja

I en lille landsby ved foden af en bjergryg boede en lille kat ved navn Kaja. Kaja var en nysgerrig kat med pels så sort som natten og øjne der glimtede som stjernerne på en klar aften. Hun havde en hemmelig drøm: at forstå stjernerne og finde ud af, hvorfor de lyste så smukt på nattehimlen.

Hver aften, når mørket faldt over landsbyen, satte Kaja sig på en høj bakke, hvor hun kunne se op på stjernerne. Hun kiggede på dem i timevis og spekulerede på, hvad de kunne fortælle hende. "Hvordan lyser du så stærkt?" spurgte hun til stjernerne. "Og hvad er din hemmelighed?"

En aften, mens hun sad og så op på stjernerne, begyndte en af dem at blinke mere intensivt end de andre. Det var som om stjernen prøvede at få hendes opmærksomhed. Kaja sprang op, hendes pels glimtede i det svage måneskær, og hun tog et skridt fremad mod stjernen, som om hun kunne røre ved den.

Pludselig, med et lille lysglimt, befandt Kaja sig i en magisk lysning midt i skoven. Foran hende stod en venlig, glitrende stjerne ved navn Stella. Stella svømmede gennem luften som et lysende bånd, og hun havde et blidt smil på sine stråler.

"Hej Kaja," sagde Stella med en lysende stemme. "Jeg har ventet på dig. Jeg er her for at give dig den viden, du søger."

Kaja kiggede rundt med store, nysgerrige øjne. "Hvordan kender du mit navn?" spurgte hun forbløffet.

"Stjerner kender mange ting," svarede Stella med et glimt i sin stemme. "Og jeg har set din længsel efter at forstå vores lys. Jeg kan lære dig, hvordan vi stjerner arbejder, og hvordan du kan finde din egen skønhed og styrke."

Kaja kunne næsten ikke tro det. Hun havde altid ønsket at lære om stjernerne, men nu stod hun foran en, der var villig til at lære hende. "Hvad skal jeg gøre?" spurgte hun ivrigt.

"Først skal du forstå, at vi stjerner er meget mere end blot lys," forklarede Stella. "Vi bærer historier, drømme og håb fra langt væk. For at forstå vores lys skal du først finde din egen indre stjerne."

Stella begyndte at fortælle Kaja om stjernernes magi og betydning. "Vi stjerner er skabt af stjernestøv og drømme," sagde hun. "Hver stjerne har en unik historie, som vi deler med universet. For at forstå vores lys skal du finde din egen historie."

Kaja blev nysgerrig og lidt nervøs. "Hvordan finder jeg min egen historie?" spurgte hun.

"Din historie er ikke noget, du kan finde uden videre," svarede Stella. "Det kræver, at du ser indad og finder ud af, hvad der gør dig speciel. Hvad er dine drømme? Hvad er dine håb? Og hvad er det, du brænder for?"

Kaja tænkte på dette, mens hun så på Stella. Hun havde aldrig rigtig tænkt på sine egne drømme på denne måde. Hun elskede at lege med sommerfugle, at sove under stjernerne og at finde nye steder at udforske. Men hun havde aldrig tænkt på, hvordan disse ting kunne være en del af hendes egen historie.

"Prøv at tænke på de ting, du elsker, og hvad du ønsker at opnå," sagde Stella. "Når du finder din egen indre stjerne, vil du også finde din egen styrke og skønhed."

Kaja besluttede sig for at tage denne opgave til sig. Hun begyndte at tænke på sine drømme og håb. Hun gik til sin yndlingsplads ved en lille sø, hvor hun kunne se stjernerne spejle sig i vandet. Hun satte sig ned og begyndte at tænke på, hvad der gjorde hende glad.

Mens hun sad der og tænkte, så hun på de små lys, der dansede på søens overflade. Hun indså, at hendes glæde kom fra de små øjeblikke af skønhed og vidunder, hun oplevede hver dag. Hendes nysgerrighed og evne til at finde skønhed i de små ting var hendes egen indre stjerne.

Kaja gik tilbage til lysningen, hvor Stella ventede på hende. "Jeg har fundet det," sagde hun med et smil. "Min indre stjerne er min evne til at finde glæde i de små ting og mine drømme om at opleve verden."

Stella blinkede tilfreds. "Du har forstået det rigtigt," sagde hun. "Nu, når du kender din egen indre stjerne, vil du kunne lyse op som en rigtig stjerne."

Stella begyndte at vise Kaja, hvordan hun kunne bruge sin indre stjerne til at bringe lys og glæde til andre. Kaja lærte, hvordan hun kunne dele sin glæde med verden omkring hende, og hvordan hun kunne hjælpe andre med at finde deres egen indre stjerne.

Kaja vendte tilbage til landsbyen, nu fyldt med en ny forståelse og visdom. Hun begyndte at dele sin glæde og lys med alle omkring hende. Hun hjalp de andre dyr i landsbyen med at finde deres egne skønheder og drømme. Landsbyen blev et lysende sted fyldt med varme og glæde.

Hver aften, når stjernerne begyndte at dukke op på himlen, kiggede Kaja op og smilede. Hun vidste nu, at hun havde fundet sin egen indre stjerne, og at hun kunne bringe lys til verden omkring hende. Hun havde lært, at alle har en indre stjerne, og at det vigtigste var at finde og dele denne stjerne med andre.

Og således levede Kaja videre med en ny forståelse af lys og skønhed. Hver nat, når hun så op på stjernerne, vidste hun, at hun var en del af noget større, og at hendes egen indre stjerne kunne lyse op i mørket og bringe glæde til verden.

Kaja

———

In a small village at the foot of a mountain range lived a little cat named Kaja. Kaja was a curious cat with fur as black as night and eyes that sparkled like stars on a clear evening. She had a secret dream: to understand the stars and find out why they shone so beautifully in the night sky.

Each evening, as darkness fell over the village, Kaja would climb a high hill where she could gaze up at the stars. She would watch them for hours, wondering what they might tell her. "How do you shine so brightly?" she would ask the stars. "And what is your secret?"

One evening, while she sat watching the stars, one of them began to twinkle more intensely than the others. It was as if the star was trying to get her attention. Kaja jumped up, her fur glittering in the faint moonlight, and took a step forward as if she could touch the star.

Suddenly, with a small flash of light, Kaja found herself in a magical clearing in the middle of the forest. In front of her stood a friendly, glittering star named Stella. Stella floated through the air like a glowing ribbon, with a gentle smile on her rays.

"Hello, Kaja," said Stella in a luminous voice. "I've been waiting for you. I'm here to give you the knowledge you seek."

Kaja looked around with wide, curious eyes. "How do you know my name?" she asked, astonished.

"Stars know many things," replied Stella with a twinkle in her voice. "And I have seen your longing to understand our light. I can teach you how stars work and how you can find your own beauty and strength."

Kaja could hardly believe it. She had always wanted to learn about the stars, but now she was standing in front of one willing to teach her. "What should I do?" she asked eagerly.

"First, you must understand that we stars are much more than just light," explained Stella. "We carry stories, dreams, and hopes from far away. To understand our light, you must first find your own inner star."

Stella began to tell Kaja about the magic and meaning of stars. "We stars are made of stardust and dreams," she said. "Each star has a unique story that we share with the universe. To understand our light, you must find your own story."

Kaja became curious and a bit nervous. "How do I find my own story?" she asked.

"Your story is not something you can find easily," answered Stella. "It requires you to look within and discover what makes you special. What are your dreams? What are your hopes? And what are you passionate about?"

Kaja thought about this as she looked at Stella. She had never really thought about her own dreams in this way. She loved playing with butterflies, sleeping under the stars, and finding new places to explore. But she had never considered how these things could be part of her own story.

"Try to think about the things you love and what you want to achieve," said Stella. "When you find your own inner star, you will also find your own strength and beauty."

Kaja decided to take on this task. She began to think about her dreams and hopes. She went to her favorite spot by a small pond, where she could see the stars reflected in the water. She sat down and began to think about what made her happy.

As she sat there thinking, she noticed the little lights dancing on the pond's surface. She realized that her joy came from the small moments of beauty and wonder she experienced every day. Her curiosity and ability to find beauty in small things were her own inner star.

Kaja returned to the clearing where Stella was waiting for her. "I've found it," she said with a smile. "My inner star is my ability to find joy in the small things and my dreams of experiencing the world."

Stella blinked with satisfaction. "You have understood correctly," she said. "Now that you know your own inner star, you will be able to shine like a true star."

Stella began to show Kaja how she could use her inner star to bring light and joy to others. Kaja learned how she could share her joy with the world around her and how she could help others find their own inner star.

Kaja returned to the village, now filled with a new understanding and wisdom. She began to share her joy and light with everyone around her. She helped other animals in the village discover their own beauties and dreams. The village became a glowing place filled with warmth and joy.

Each evening, when the stars began to appear in the sky, Kaja looked up and smiled. She now knew that she had found her own inner star and that she could bring light to the world around her. She had learned that everyone has an inner star and that the most important thing was to find and share this star with others.

And so, Kaja lived on with a new understanding of light and beauty. Each night, when she looked up at the stars, she knew she was part of something greater and that her own inner star could shine in the darkness and bring joy to the world.

Mia og Det Magiske Ræveeventyr

I en lille landsby, omfavnet af en tæt og eventyrlig skov, boede en pige ved navn Mia. Mia var en nysgerrig og modig pige med en vilje af stål og en fantasi, der kunne finde skønhed i de mest almindelige ting. Hendes yndlingsbeskæftigelse var at udforske skoven, som hun betragtede som et magisk rige fyldt med mysterier og vidunder.

En eftermiddag, mens Mia gik gennem skovens krinkelkroge, stødte hun på noget usædvanligt. En lille rød ræv sad midt på en lysning, hvor solens stråler skinnede ned og skabte et gyldent skær omkring den. Ræven havde en strålende, skinnende pels og øjne, der glimtede som stjerner.

Mia stoppede op og betragtede ræven med nysgerrighed. "Hej der," sagde hun venligt. "Hvad laver du her?"

Ræven så op på Mia med et klogt smil. "Jeg venter på dig, Mia," sagde ræven. "Jeg er en magisk ræv, og jeg har en opgave til dig."

Mia blev både forbløffet og spændt. "En opgave? Hvad slags opgave?"

"En opgave, der kræver både mod og visdom," svarede ræven. "Skovens magiske hjerte er blevet stjålet, og uden det kan skoven ikke længere opretholde sin magi. Du skal hjælpe mig med at finde det og bringe det tilbage."

Mia blev rørt over rævens ord. Hun vidste, at skoven var vigtig for hende og for alle de væsener, der boede der. "Jeg vil gerne hjælpe," sagde hun beslutsomt. "Men hvordan finder vi det magiske hjerte?"

Ræven så på Mia med et smil. "Det magiske hjerte er skjult et sted, hvor kun den sande ven af skoven kan finde det. For at finde det må du gennemgå tre prøver, der vil teste din mod, visdom og medfølelse."

Mia nikkede. Hun følte en varme sprede sig i sit bryst ved tanken om at hjælpe skoven. "Jeg er klar. Hvad er den første prøve?"

"Den første prøve er den Prøve af Mod," sagde ræven. "Vi skal finde den skjulte flod, som strømmer gennem skoven, men den er dækket af en magisk tåge. Kun den, der ikke lader sig skræmme af tågen, kan finde vejen."

Ræven begyndte at lede Mia gennem skovens dybder, og snart kom de til en tæt tåge, der svømmede gennem skovbunden som en tyk, blød dyne. Mia kunne ikke se meget længere end et par skridt foran sig. Hun følte sig en smule bange, men hun vidste, at hun måtte fortsætte.

"Mia, husk," sagde ræven. "Det er ikke tågen, der vil stoppe dig, men din egen frygt. Hvis du stoler på din egen styrke og tager skridtene fremad, vil du finde vejen."

Mia tog en dyb indånding og tog det første skridt ind i tågen. Hun kunne mærke den kølige, fugtige luft omkring sig, men hun fokuserede på rævens bløde stemme og på det lille lys, der svømmede foran hende. Hun gik videre, og snart begyndte tågen at lette, og en krystalklar flod dukkede op foran hende.

"Du har bestået den første prøve," sagde ræven stolt. "Nu er det tid til den anden prøve: Prøven af Visdom. Ved flodens bredder er der en gammel ege, som har opbevart mange hemmeligheder. Du skal finde en ledetråd, der vil føre dig til det magiske hjerte."

Mia og ræven begyndte at lede efter den gamle ege, og det varede ikke længe, før de fandt den. Træet var enormt og gammel, med grene, der strakte sig op mod himlen som hænder, der ønskede at røre stjernerne. Træets bark var fyldt med indgraveringer og symboler.

Mia begyndte at studere træets bark og søge efter et tegn eller en ledetråd. Hun fandt en gammel, slidt inskription, der sagde: "Hvor stjernerne kysser jorden, finder du en skjult vej."

Mia så op på stjernerne, der begyndte at dukke op på himlen. Hun opdagede, at der var en lille lysning ved flodens bredder, hvor stjernernes lys reflekterede i vandet og skabte et skær. "Der!" sagde hun og pegede. "Vi skal til den lysning."

De gik til lysningen, og der fandt de en skjult dør i jorden, som de åbner. Bag døren var der en smal gang, der førte dem til en ny del af skoven. Ræven bekræftede, at Mia havde bestået den anden prøve.

"Den sidste prøve er Prøven af Medfølelse," sagde ræven. "I denne del af skoven bor en gammel, ensom ugle. Uglen er en beskytter af skoven, men den er blevet trist og svag. Du skal hjælpe den med at finde sin glæde igen."

Mia og ræven gik dybere ind i skoven, indtil de fandt den gamle ugle, der sad på en gren og så nedtrykt ud. Mia nærmede sig ugleen med en venlig stemme. "Hej, ugle. Jeg er Mia, og jeg er her for at hjælpe dig."

Uglen kiggede op med triste øjne. "Jeg har mistet min glæde," sagde ugleen. "Skoven er blevet trist, og jeg kan ikke finde min egen glæde mere."

Mia satte sig ned ved siden af ugleen og begyndte at tale med den om de gode minder, den havde om skoven og dens skønhed. Hun delte også sine egne erfaringer med skovens magi og de vidunderlige ting, hun havde oplevet.

Som Mia talte, begyndte ugleens øjne at lyse op, og den begyndte at huske de gode tider, den havde haft. Med Mias hjælp genfandt ugleen sin glæde, og dens styrke blev genoprettet.

"Du har bestået den sidste prøve," sagde ræven, da ugleen var glad igen. "Nu er det tid til at finde det magiske hjerte."

Mia og ræven fulgte en ny sti, der førte dem til en hemmelig lysning. I midten af lysningen, skjult under en gammel, stor sten, fandt de det magiske hjerte. Det var en smuk, lysende krystal, der glødede med et varmt, gyldent lys.

Ræven tog forsigtigt krystallen og begyndte at lede Mia tilbage til skovens centrum. "Når vi placerer det magiske hjerte på sin rette plads, vil skoven genvinde sin magi," sagde ræven.

Da de nåede skovens centrum, blev det magiske hjerte placeret i en smuk, glitrende niche, der var skabt til det. Øjeblikkeligt begyndte skoven at blomstre med farver, og lyset blev fyldt med magi og glæde. Træerne begyndte at danse, og de vilde blomster åbnede sig for lyset.

Mia og ræven så på den forvandling, der skete omkring dem. "Du har gjort det," sagde ræven. "Tak for din mod, visdom og medfølelse. Skoven vil altid huske din held."

Mia krammede ræven og sagde farvel. Hun vendte tilbage til sin landsby, fyldt med glæde og en følelse af at have gjort en forskel. Hun vidste, at hun altid ville huske sit magiske eventyr og lære, at med mod, visdom og medfølelse kunne hun gøre en forskel i verden.

Og således blev Mia kendt som skovens beskytter, og hendes historie blev fortalt i generationer som et eksempel på, hvordan mod, visdom og medfølelse kan bringe magi og skønhed til verden.

Mia and the Magical Fox Adventure

In a small village nestled at the base of an adventurous forest lived a girl named Mia. Mia was a curious and brave girl with a will of steel and an imagination that could find beauty in the most ordinary things. Her favorite pastime was exploring the forest, which she considered a magical realm filled with mysteries and wonder.

One afternoon, as Mia wandered through the forest's winding paths, she came across something unusual. A small red fox sat in the middle of a clearing, where sunlight filtered through the trees, casting a golden glow around it. The fox had a shimmering, radiant coat and eyes that sparkled like stars.

Mia stopped and watched the fox with curiosity. "Hello there," she said kindly. "What are you doing here?"

The fox looked up at Mia with a wise smile. "I've been waiting for you, Mia," said the fox. "I am a magical fox, and I have a task for you."

Mia was both surprised and excited. "A task? What kind of task?"

"A task that requires both courage and wisdom," replied the fox. "The magical heart of the forest has been stolen, and without it, the forest can no longer sustain its magic. You must help me find it and bring it back."

Mia was touched by the fox's words. She knew how important the forest was to her and to all the creatures living there. "I would like to help," she said determinedly. "But how do we find the magical heart?"

The fox smiled at Mia. "The magical heart is hidden somewhere only a true friend of the forest can find. To find it, you must go through three trials that will test your courage, wisdom, and compassion."

Mia nodded. She felt a warmth spreading in her chest at the thought of helping the forest. "I'm ready. What is the first trial?"

"The first trial is the Trial of Courage," said the fox. "We must find the hidden river that flows through the forest, but it is covered by a magical fog. Only one who is not afraid of the fog can find the way."

The fox began to lead Mia through the depths of the forest, and soon they arrived at a dense fog that swirled around the forest floor like a thick, soft blanket. Mia could barely see more than a few steps ahead. She felt a bit scared but knew she had to press on.

"Mia, remember," said the fox. "It is not the fog that will stop you, but your own fear. If you trust in your own strength and take steps forward, you will find the way."

Mia took a deep breath and stepped into the fog. She could feel the cool, damp air around her, but she focused on the fox's gentle voice and the small light that flickered in front of her. She walked on, and soon the fog began to lift, revealing a crystal-clear river in front of her.

"You have passed the first trial," said the fox proudly. "Now it is time for the second trial: The Trial of Wisdom. By the riverbank is an ancient oak that has kept many secrets. You must find a clue that will lead you to the magical heart."

Mia and the fox began searching for the ancient oak, and it wasn't long before they found it. The tree was enormous and old, with branches stretching towards the sky like arms reaching to touch the stars. Its bark was covered in carvings and symbols.

Mia began to study the bark of the tree, looking for a sign or clue. She found an old, worn inscription that read: "Where the stars kiss the earth, you will find a hidden path."

Mia looked up at the stars that were beginning to appear in the sky. She noticed a small clearing by the river where the starlight reflected in the water, creating a glow. "There!" she said, pointing. "We need to go to that clearing."

They went to the clearing, and there they found a hidden door in the ground, which they opened. Behind the door was a narrow passage that led them to a new part of the forest. The fox confirmed that Mia had passed the second trial.

"The final trial is the Trial of Compassion," said the fox. "In this part of the forest lives an old, lonely owl. The owl is a guardian of the forest, but it has become sad and weak. You must help it find its joy again."

Mia and the fox went deeper into the forest until they found the old owl perched on a branch, looking dejected. Mia approached the owl with a gentle voice. "Hello, owl. I'm Mia, and I'm here to help you."

The owl looked up with sad eyes. "I have lost my joy," said the owl. "The forest has become sad, and I can no longer find my own joy."

Mia sat down next to the owl and began talking with it about the good memories it had of the forest and its beauty. She also shared her own experiences with the magic of the forest and the wonderful things she had seen.

As Mia spoke, the owl's eyes began to light up, and it started to remember the good times it had had. With Mia's help, the owl regained its joy, and its strength was restored.

"You have passed the final trial," said the fox when the owl was happy again. "Now it is time to find the magical heart."

Mia and the fox followed a new path that led them to a secret clearing. In the middle of the clearing, hidden under an old, large stone, they found the magical heart. It was a beautiful, glowing crystal that shone with a warm, golden light.

The fox carefully took the crystal and began to lead Mia back to the heart of the forest. "When we place the magical heart in its rightful place, the forest will regain its magic," said the fox.

When they reached the heart of the forest, the magical heart was placed in a beautiful, sparkling niche created for it. Immediately, the forest began to blossom with colors, and the light was filled with magic and joy. The trees began to dance, and the wildflowers opened to the light.

Mia and the fox watched the transformation happening around them. "You've done it," said the fox. "Thank you for your courage, wisdom, and compassion. The forest will always remember your kindness."

Mia hugged the fox and said goodbye. She returned to her village, filled with joy and a sense of having made a difference. She knew she would always remember her magical adventure and the lesson that with courage, wisdom, and compassion, she could make a difference in the world.

And so, Mia was known as the guardian of the forest, and her story was told through generations as an example of how courage, wisdom, and compassion can bring magic and beauty to the world.

Rakel og Den Hemmelige Have

I en lille by, omfavnet af frodige marker og bølgende bakker, boede en lille pige ved navn Rakel. Rakel var kendt i hele byen for sin nysgerrighed og hendes store kærlighed til naturen. Hun havde altid drømt om at finde et skjult sted, hvor hun kunne opleve noget magisk og eventyrligt.

En dag, mens hun gik gennem en gammel skov, stødte Rakel på noget usædvanligt. En lille, rusten nøgle lå halvt begravet under et blad, og Rakel samlede den op med forsigtighed. Hun kiggede på nøglen og spekulerede på, hvad den kunne åbne. Nøglen havde en indviklet form og en mærkelig glans, der fik Rakels fantasi til at løbe løbsk.

"Denne nøgle må være til noget specielt," tænkte Rakel. Hun besluttede at følge sin intuition og finde ud af, hvad nøglen kunne åbne.

Rakel begyndte at lede rundt i skoven og snart fandt hun en gammel, forsumpet dør, delvist skjult af kradse vinstokke og mos. Hendes hjerte begyndte at slå hurtigere, da hun indså, at denne dør måske kunne være den, som nøglen passede til. Med en hånd, der rystede af spænding, indsatte hun nøglen i låsen og drejede den. Døren knirkede og åbnede sig langsomt.

Bag døren åbenbarede der sig en hemmelig have. Haven var fyldt med blomster, der glødede som juveler, og træer med grene, der bølgede i en harmonisk melodi, når vinden rørte dem. I midten af haven stod en smuk fontæne, der sprøjtede krystalklart vand op i luften. Rakel trådte ind i haven, og en følelse af ro og glæde fyldte hendes hjerte.

Hun begyndte at udforske haven og fandt en lille, venlig fugl, der sad på en lav gren. Fuglen havde en strålende blå fjerdragt og øjne, der glimtede som stjerner. "Velkommen til den hemmelige have," kvitrede fuglen. "Jeg er Lara, og jeg passer på denne have."

Rakel smilede og svarede: "Tak, Lara. Jeg fandt en nøgle, og jeg vidste, at jeg måtte finde ud af, hvad den åbnede. Jeg er så glad for at finde denne vidunderlige have."

Lara nikkede. "Haven har været skjult i mange år. Den blev skabt for at minde os om skønheden i naturen og magien i de små ting. Men haven er også i fare. En mørk sky har lagt sig over verden, og haven mister sin magi. Jeg har brug for din hjælp til at genoplive haven."

Rakel blev rørt over Laras ord. Hun vidste, at hun ønskede at hjælpe haven, som havde bragt hende så meget glæde. "Hvordan kan jeg hjælpe?" spurgte hun.

Lara fløj ned til en lille bog, der lå ved fontænen, og begyndte at læse op: "For at genoplive haven skal du gennemføre tre prøver. Hver prøve vil teste din mod, venlighed og visdom. Hvis du består dem, vil haven genvinde sin magi."

"Jeg vil gøre mit bedste," sagde Rakel med beslutsomhed. "Hvad er den første prøve?"

"Den første prøve er Prøven af Mod," sagde Lara. "I denne del af haven bor en lille elv, der har mistet sin magiske kraft. Du skal finde elven og hjælpe den med at genfinde sin styrke."

Rakel begyndte at lede efter elven i haven. Hun gik gennem en labyrint af farverige blomster og omkring klippeformationer, indtil hun fandt en lille elv, der sad på en sten og så træt ud. Elven havde en skinnende, glitrende hud, men dens lys var falmet.

Rakel satte sig ned ved siden af elven og spurgte: "Hvordan kan jeg hjælpe dig?"

Elven så op med svage øjne. "Jeg har mistet min magiske kraft, fordi jeg har været ensom i lang tid. Jeg har brug for nogen, der vil lytte til mig og hjælpe mig med at finde min styrke igen."

Rakel lyttede opmærksomt og tilbød sin venlighed og støtte. Hun talte med elven om haven og de gode minder, de havde sammen. Hun hjalp elven med at finde glæden i de små ting og mindede den om dens egen skønhed og styrke.

Efter lidt tid begyndte elvens lys at blive stærkere, og den genvandt sin magiske kraft. "Du har bestået den første prøve," sagde Lara, da elven var glad igen. "Nu er det tid til den anden prøve: Prøven af Venlighed."

Lara førte Rakel til en del af haven, hvor en lille hjort stod med et sår på benet. Hjorten så ud til at være i smerte og havde svært ved at bevæge sig. Rakel vidste straks, hvad hun skulle gøre. Hun hentede nogle helbredende urter og forsigtigt plejet hjortens sår.

Mens hun arbejdede, talte Rakel med hjorten og gav den trøst og opmuntring. Hun fortalte hjorten om haven og dens skønhed, og hvordan hver lille handling af venlighed kunne bringe glæde til verden.

Hjorten begyndte at føle sig bedre, og snart kunne den bevæge sig frit igen. "Du har bestået den anden prøve," sagde Lara, da hjorten var sund og glad. "Nu er det tid til den sidste prøve: Prøven af Visdom."

Lara førte Rakel til en lille sø i haven. I søens midte var der en lille ø med en skattekiste. For at åbne kisten, skulle Rakel løse en gåde, der var indgraveret på kisten.

Rakel læste gåden højt: "Hvad er noget, som aldrig kan ses, men altid kan mærkes? Det er en følelse, der lever i dit hjerte og gør dig glad."

Rakel tænkte længe over gåden. Hun vidste, at det måtte være noget, der handlede om følelser og glæde. Efter lidt overvejelse svarede hun: "Kærlighed."

Kisten åbnede sig langsomt, og indeni fandt Rakel en smuk, lysende krystal. Lara forklarede, at krystallen havde magiske kræfter, der kunne genoplive haven. Rakel tog krystallen og placerede den i midten af haven, hvor den begyndte at gløde og sprede sin magi.

Haven begyndte straks at blomstre med farver og lyde, og dens skønhed blev endnu mere magisk. Træerne begyndte at danse, og blomsterne åbnede sig i et spektakulært farveskue. Rakel følte en dyb glæde og tilfredshed ved at have hjulpet haven med at genvinde sin magi.

Lara fløj hen til Rakel og sagde: "Tak for din hjælp. Haven vil altid være taknemmelig for din venlighed, mod og visdom. Du har genoplivet dens magi, og den vil nu blomstre i mange år fremover."

Rakel krammede Lara og sagde farvel til den hemmelige have. Hun vendte tilbage til sin by med en følelse af opfyldelse og glæde. Hun vidste, at hun altid ville bære minderne om haven og dens magi i sit hjerte.

Fra den dag af blev Rakel kendt som en beskytter af naturen, og hendes historie blev fortalt i generationer som et eksempel på, hvordan mod, venlighed og visdom kunne bringe magi og skønhed til verden.

Rakel and the Secret Garden

In a small town, embraced by lush meadows and rolling hills, lived a little girl named Rakel. Rakel was known throughout the town for her curiosity and her deep love for nature. She had always dreamed of finding a hidden place where she could experience something magical and extraordinary.

One day, while walking through an ancient forest, Rakel came across something unusual. A small, rusty key lay half-buried under a leaf, and Rakel picked it up with care. She looked at the key and wondered what it might open. The key had an intricate shape and a mysterious gleam that set Rakel's imagination alight.

"This key must be for something special," Rakel thought. She decided to follow her intuition and discover what the key could unlock.

Rakel began searching around the forest, and soon she found an old, overgrown door, partially hidden by creeping vines and moss. Her heart began to race as she realized that this door might be the one for which the key was meant. With a hand trembling with excitement, she inserted the key into the lock and turned it. The door creaked open slowly.

Behind the door was a secret garden. The garden was filled with flowers that glowed like jewels, and trees with branches that swayed in a harmonious melody when the wind touched them. In the center of the garden stood a beautiful fountain, spraying crystal-clear water into the air. Rakel stepped into the garden, and a sense of peace and joy filled her heart.

She began to explore the garden and found a small, friendly bird perched on a low branch. The bird had a radiant blue plumage and eyes that sparkled like stars. "Welcome to the secret garden," chirped the bird. "I am Lara, and I take care of this garden."

Rakel smiled and replied, "Thank you, Lara. I found a key, and I knew I had to find out what it opened. I'm so glad to discover this wonderful garden."

Lara nodded. "The garden has been hidden for many years. It was created to remind us of the beauty of nature and the magic in small things. But the garden is also in danger. A dark cloud has descended over the world, and the garden is losing its magic. I need your help to revive the garden."

Rakel was moved by Lara's words. She knew she wanted to help the garden that had brought her so much joy. "How can I help?" she asked.

Lara flew down to a small book lying by the fountain and began to read: "To revive the garden, you must complete three trials. Each trial will test your courage, kindness, and wisdom. If you succeed, the garden will regain its magic."

"I will do my best," Rakel said with determination. "What is the first trial?"

"The first trial is the Trial of Courage," said Lara. "In this part of the garden lives a little elf who has lost its magical power. You must find the elf and help it regain its strength."

Rakel began searching for the elf in the garden. She walked through a maze of colorful flowers and around rock formations until she found a small elf sitting on a stone, looking tired. The elf had shimmering, sparkling skin, but its light had faded.

Rakel sat down beside the elf and asked, "How can I help you?"

The elf looked up with weak eyes. "I have lost my magical power because I have been lonely for a long time. I need someone who will listen to me and help me find my strength again."

Rakel listened attentively and offered her kindness and support. She talked with the elf about the garden and the good memories they had together. She helped the elf find joy in small things and reminded it of its own beauty and strength.

After a while, the elf's light began to grow stronger, and it regained its magical power. "You have passed the first trial," said Lara when the elf was happy again. "Now it is time for the second trial: The Trial of Kindness."

Lara led Rakel to a part of the garden where a small deer stood with a wound on its leg. The deer seemed to be in pain and had difficulty moving. Rakel immediately knew what to do. She gathered some healing herbs and carefully tended to the deer's wound.

As she worked, Rakel talked to the deer and offered comfort and encouragement. She told the deer about the garden and its beauty and how every small act of kindness could bring joy to the world.

The deer began to feel better, and soon it could move freely again. "You have passed the second trial," said Lara when the deer was healthy and happy. "Now it is time for the final trial: The Trial of Wisdom."

Lara led Rakel to a small pond in the garden. In the middle of the pond was a small island with a treasure chest. To open the chest, Rakel had to solve a riddle engraved on it.

Rakel read the riddle aloud: "What is something that can never be seen but can always be felt? It is a feeling that lives in your heart and makes you happy."

Rakel thought long about the riddle. She knew it had to be something about feelings and joy. After some consideration, she answered: "Love."

The chest slowly opened, and inside Rakel found a beautiful, glowing crystal. Lara explained that the crystal had magical powers that could revive the garden. Rakel took the crystal and placed it in the center of the garden, where it began to glow and spread its magic.

The garden immediately began to blossom with colors and sounds, and its beauty became even more magical. The trees started to dance, and the flowers opened in a spectacular display of colors. Rakel felt a deep joy and satisfaction from having helped the garden regain its magic.

Lara flew to Rakel and said, "Thank you for your help. The garden will always be grateful for your kindness, courage, and wisdom. You have revived its magic, and it will now bloom for many years to come."

Rakel hugged Lara and said goodbye to the secret garden. She returned to her town with a sense of fulfillment and joy. She knew she would always carry the memories of the garden and its magic in her heart.

From that day on, Rakel was known as a guardian of nature, and her story was told through generations as an example of how courage, kindness, and wisdom could bring magic and beauty to the world.

Lille Lykke og De Hemmelige Venner

I en lille landsby, omgivet af grønne enge og stille floder, boede en pige ved navn Lykke. Lykke var en drømmer, med store øjne fyldt med undren og et hjerte fuld af kærlighed til verden omkring hende. Hendes bedste venner var dyrene i skoven, vinden der hviskede i træerne, og stjernerne, der blinkede om natten. Men Lykke følte sig ofte ensom, selvom hun havde så mange vidunderlige ting at elske.

En dag, mens Lykke gik langs stien, der førte til skoven, fandt hun en gammel, forvreden gren, som lignede en vild form for nøgle. Hun løftede den op og smilede. "Denne nøgle må være til noget særligt," tænkte hun. Hun fulgte stien, som blev mere og mere uklar, indtil hun fandt sig selv foran en dør af træ, skjult bag vildtvoksende buske og blomster. Lykke tog grenen, som om den virkelig var en nøgle, og rørte ved døren med den. Til hendes overraskelse åbnede døren sig langsomt, som om den havde ventet på hende i mange år.

Indenfor fandt Lykke en hemmelig have, så smuk at det næsten tog vejret fra hende. Haven var fyldt med blomster i alle regnbuens farver, og de strakte sig op mod himlen, som om de dansede til en usynlig melodi. I midten af haven stod et stort egetræ, dets grene strakte sig ud som arme, der indbød hende til at komme nærmere.

Lykke gik hen til træet, og da hun rørte ved dets bark, hørte hun en blid stemme. "Velkommen, Lykke," sagde stemmen. "Jeg har ventet på dig."

Overrasket trak Lykke hånden til sig og kiggede op. En lille mus med en blød pels og store, venlige øjne sad på en af grenene. "Jeg er Malte," sagde musen, "og jeg tager mig af denne have."

Lykke smilede, og al hendes frygt forsvandt. "Hej Malte. Denne have er vidunderlig. Hvordan kan det være, at ingen kender til den?"

Malte lo blidt. "Denne have er ikke som andre haver. Den er gemt væk fra verden, fordi den er et sted, hvor kun dem med et åbent hjerte kan komme. Og du, Lykke, har et hjerte, der er fyldt med kærlighed og undren. Det er derfor, du fandt nøglen."

Lykke satte sig ved roden af træet, mens Malte hoppede ned ved hendes side. "Hvad skal jeg gøre her?" spurgte Lykke.

"Du skal møde havenes hemmelige venner," svarede Malte. "Hver af dem har en gave til dig, men for at få gaverne, skal du først vise, at du kan værdsætte de små ting i livet."

Lykke nikkede. Hun var klar til at møde de hemmelige venner og se, hvad hun kunne lære af dem.

Den første ven, hun mødte, var en lille snegl ved navn Silke. Silke bevægede sig langsomt og forsigtigt, og dens hus var dekoreret med små, funklende sten. "Velkommen, Lykke," sagde Silke. "Jeg vil gerne give dig min gave, men først skal du vise mig, at du har tålmodighed."

Lykke satte sig ned ved siden af Silke og fulgte dens langsomme, rolige bevægelser. Hun ventede, mens sneglen kravlede over blade og små sten. Timerne gik, men Lykke klagede ikke. Hun lærte at sætte pris på den tid, det tog for Silke at nå sit mål, og til sidst belønnede Silke hende med en lille, skinnende sten, som skulle minde hende om, at tålmodighed kan føre til smukke ting.

Næste ven, Lykke mødte, var en frø ved navn Kvak. Kvak sprang rundt i haven med stor entusiasme, og hans grønne hud glimtede i solen. "Velkommen, Lykke," kvækkede Kvak. "Min gave er glæde, men først må du vise mig, at du kan finde glæde i alt omkring dig."

Lykke fulgte Kvak gennem haven, og sammen hoppede de fra sten til sten, sprang over små bække og legede skjul blandt blomsterne. Lykke grinede og lo, og hun følte en dyb glæde i sit hjerte. Til sidst gav Kvak hende en lille blomst, som aldrig ville visne, som et symbol på den evige glæde, hun nu bar med sig.

Til sidst førte Malte Lykke til en smuk fasan ved navn Pio. Pio havde fjer, der skinnede som solen og øjne, der strålede med visdom. "Velkommen, Lykke," sagde Pio. "Min gave til dig er visdom, men først må du vise mig, at du forstår vigtigheden af at lytte."

Lykke satte sig stille ned og lyttede til Pios ord. Fasanen talte om årstidernes skiften, om månen og solen, og hvordan alle ting i naturen har deres egen tid og plads. Lykke lyttede opmærksomt, og hun begyndte at forstå, at visdom ikke blot er at vide, men også at lytte og lære fra verden omkring sig. Pio gav hende en lille fjer, der skulle minde hende om den viden, hun havde fået.

Med tre gaver i hånden vendte Lykke tilbage til egetræet, hvor Malte ventede på hende. "Du har bestået alle prøverne, Lykke," sagde Malte stolt. "Du har vist tålmodighed, glæde og visdom. Haven er nu din ven, og du er altid velkommen her."

Lykke kiggede på sine gaver – stenen, blomsten og fjeren – og hun følte en dyb taknemmelighed. Hun vidste, at disse gaver ville minde hende om de vigtige ting i livet, og hun ville bære dem med sig for evigt.

"Tak, Malte," sagde Lykke, og hun omfavnede den lille mus. "Jeg vil aldrig glemme denne dag."

"Og vi vil aldrig glemme dig," svarede Malte. "Haven vil altid være her for dig, uanset hvor du går hen i verden."

Lykke forlod haven, men hun følte sig aldrig alene igen. Hun vidste, at hun havde fundet noget særligt, noget magisk, som ville blive hos hende for evigt. Fra den dag af bar hun altid sine tre gaver med sig, og hun vidste, at verden var fuld af hemmelige venner og vidunderlige steder, der ventede på at blive opdaget.

Little Lykke and the Secret Friends

In a small village, surrounded by green meadows and quiet rivers, lived a girl named Lykke. Lykke was a dreamer, with wide eyes full of wonder and a heart overflowing with love for the world around her. Her best friends were the animals in the forest, the wind that whispered in the trees, and the stars that twinkled at night. Yet, despite all these wonderful things to love, Lykke often felt lonely.

One day, as Lykke walked along the path leading to the forest, she found an old, twisted branch that looked like some kind of wild key. She picked it up and smiled. "This key must be for something special," she thought. She followed the path, which became more and more unclear, until she found herself in front of a wooden door, hidden behind overgrown bushes and flowers. Lykke took the branch, as if it really were a key, and touched the door with it. To her surprise, the door slowly opened as if it had been waiting for her for many years.

Inside, Lykke found a secret garden, so beautiful it almost took her breath away. The garden was filled with flowers of every color of the rainbow, stretching toward the sky as if they were dancing to an invisible melody. In the center of the garden stood a great oak tree, its branches reaching out like arms inviting her closer.

Lykke walked up to the tree, and as she touched its bark, she heard a gentle voice. "Welcome, Lykke," said the voice. "I've been waiting for you."

Startled, Lykke pulled her hand back and looked up. A small mouse with soft fur and large, friendly eyes was sitting on one of the branches. "I'm Malte," said the mouse, "and I take care of this garden."

Lykke smiled, and all her fear disappeared. "Hello, Malte. This garden is wonderful. How is it that no one knows about it?"

Malte chuckled softly. "This garden is not like other gardens. It's hidden away from the world because it's a place where only those with an open heart can come. And you, Lykke, have a heart full of love and wonder. That's why you found the key."

Lykke sat down at the base of the tree as Malte hopped down beside her. "What should I do here?" asked Lykke.

"You must meet the garden's secret friends," Malte replied. "Each of them has a gift for you, but to receive the gifts, you must first show that you can appreciate the small things in life."

Lykke nodded. She was ready to meet the secret friends and see what she could learn from them.

The first friend she met was a small snail named Silke. Silke moved slowly and carefully, and its shell was decorated with tiny, sparkling stones. "Welcome, Lykke," said Silke. "I'd like to give you my gift, but first, you must show me that you have patience."

Lykke sat down next to Silke and followed its slow, steady movements. She waited as the snail crawled over leaves and small stones. Hours passed, but Lykke didn't complain. She learned to appreciate the time it took for Silke to reach its goal, and finally,

Silke rewarded her with a small, shiny stone to remind her that patience can lead to beautiful things.

The next friend Lykke met was a frog named Kvak. Kvak jumped around the garden with great enthusiasm, and his green skin shimmered in the sun. "Welcome, Lykke," croaked Kvak. "My gift is joy, but first, you must show me that you can find joy in everything around you."

Lykke followed Kvak through the garden, and together they hopped from stone to stone, leaped over small streams, and played hide-and-seek among the flowers. Lykke laughed and giggled, and she felt a deep joy in her heart. In the end, Kvak gave her a small flower that would never wither, as a symbol of the eternal joy she now carried with her.

Finally, Malte led Lykke to a beautiful pheasant named Pio. Pio had feathers that shone like the sun and eyes that sparkled with wisdom. "Welcome, Lykke," said Pio. "My gift to you is wisdom, but first, you must show me that you understand the importance of listening."

Lykke sat down quietly and listened to Pio's words. The pheasant spoke of the changing seasons, the moon and the sun, and how all things in nature have their own time and place. Lykke listened attentively, and she began to understand that wisdom is not just knowing but also listening and learning from the world around you. Pio gave her a small feather to remind her of the knowledge she had gained.

With three gifts in hand, Lykke returned to the oak tree, where Malte was waiting for her. "You have passed all the trials, Lykke," said Malte proudly. "You have shown patience, joy, and wisdom. The garden is now your friend, and you are always welcome here."

Lykke looked at her gifts—the stone, the flower, and the feather—and felt a deep gratitude. She knew these gifts would remind her of the important things in life, and she would carry them with her forever.

"Thank you, Malte," said Lykke, and she hugged the little mouse. "I will never forget this day."

"And we will never forget you," Malte replied. "The garden will always be here for you, no matter where you go in the world."

Lykke left the garden, but she never felt alone again. She knew she had found something special, something magical that would stay with her forever. From that day on, she always carried her three gifts with her, and she knew that the world was full of secret friends and wonderful places just waiting to be discovered.

www.ingramcontent.com/pod-product-compliance
Lightning Source LLC
Chambersburg PA
CBHW061634130726
47996CB00003B/1273